LA LÉGISLATION

DES

EAUX MINÉRALES

EN FRANCE

PAR

GERMOND DE LAVIGNE

Rédacteur en chef de la *Gazette des Eaux*

PARIS
LIBRAIRIE J.-B. BAILLIÈRE & FILS
RUE HAUTEFEUILLE, 19

Mars 1872

LA LÉGISLATION

DES

EAUX MINÉRALES

EN FRANCE

PAR

GERMOND DE LAVIGNE

Rédacteur en chef de la *Gazette des Eaux*

PARIS

PUBLIÉ PAR LE SYNDICAT DES EAUX MINÉRALES

BAINS DE MER ET STATIONS D'HIVER

Mars 1872

AVANT PROPOS.

La révision ou partielle ou complète de la législation des eaux minérales, en France, est sollicitée depuis plusieurs années par des sociétés médicales, par des assemblées électives, municipales et départementales. Elle est partout reconnue nécessaire.

Nous étudions cette législation depuis quinze ans. Nous avons recueilli tous les arguments qui ont été produits pour la combattre comme pour la défendre. Nous n'appartenons ni à un camp ni à l'autre ; nous comptons des amis des deux côtés, et sommes resté libre de tout engagement et de toute passion ; mais, d'instinct libéral, nous avons plus facilement écouté ce qui se disait progrès, que ce qui se croyait des droits à une résistance privilégiée.

Nous n'avons aucun intérêt personnel en jeu dans la réforme que nous croyons de notre devoir de solliciter. Notre unique sentiment, c'est que, en quelque position qu'il se trouve, l'homme d'étude doit compte de son travail et de son expérience ; c'est encore qu'il n'est pas, dans l'organisation d'une nation éclairée, si petite institution qui ne doive subir le progrès que la marche des idées imprime à toutes les autres.

G. de L.

Paris, 15 mars 1872.

LA LÉGISLATION

DES

EAUX MINÉRALES

La législation des eaux minérales est fort simple et se réduit à bien peu de choses, dès qu'on la dégage de toute l'archéologie de dispositions surannées qui constituent les annales de cette richesse du sol.

Lorsque l'art médical, peu éclairé par la science analytique, considérait les sources de santé comme ayant des origines mystérieuses et possédant quelque chose de divin, il était tout naturel qu'on les entourât de précautions, de protections. Elles n'ont plus besoin de tels soins, aujourd'hui qu'elles sont reconnues être un produit du sol, un bien de la terre, une propriété industrielle et vulgaire tout comme tant d'autres, et qu'elles appartiennent, sous ce rapport, à la loi commune.

On pouvait croire alors que l'usage de certaines eaux minérales constituait un danger, qu'il fallait par conséquent mettre le public en garde des accidents résultant de son imprudence ou de son inexpérience ; on avait aussi à redouter l'abus des fabrications artificielles, qui pouvaient d'autant plus tenter certains industriels, que l'exploitation et l'expédition des eaux naturelles étaient entravées par un grand nombre de difficultés aujourd'hui disparues. De là cette tutelle étroite édictée par les anciens règlements, de là ces réserves qui se sont maintenues par tradition, mais qui ne sont plus en rapport, nous ne dirons pas « avec le progrès libéral de notre temps, » formule dont on abuse, mais surtout avec la marche des idées et avec les conquêtes de la science.

Les dispositions de 1780, celles de floréal an VII, de vendémiaire an VI, de floréal an VIII, de nivôse an XI et d'autres constituent l'histoire de la législation des eaux minérales. Ces documents sont utiles à consulter comme origine, comme tradition, mais non plus comme législation. Ils ont fourni les éléments de l'ordonnance royale du 7 juillet 1823, et surtout de la loi du 14 juillet 1856.

Celle-ci est aujourd'hui le principal ou mieux l'unique instrument de cette législation, d'abord parce qu'elle a l'autorité qui appartient à une loi sur des décrets ou ordonnances, ensuite parce qu'elle a explicitement abrogé toutes dispositions antérieures, remettant, à des règlements d'administration publique à intervenir, le soin de déterminer, dans des formes à peu près nouvelles :

Les conditions de la protection à octroyer par l'État aux sources minérales;

L'organisation de l'inspection et de la surveillance des sources ;

Les règles d'ordre, de police et de salubrité à imposer aux établissements.

Ainsi donc, la loi du 18 juillet 1856 présente et formule toute la législation actuelle sur les eaux minérales.

Les règlements d'administration publique qui en découlent sont : 1° le décret du 8 septembre 1856, qui, sous le titre un peu trompeur de « conservation et aménagement des sources d'eaux minérales, » ne traite que de la déclaration d'intérêt public et de la fixation du périmètre de protection, mesures excessives dont un petit nombre d'établissements ont profité depuis quinze ans.

2° Le décret du 28 janvier 1860, sur l'organisation de l'inspection médicale et la surveillance des sources et établissements.

3° Par voie rétrospective, l'ordonnance du 18 juin 1823, dont certaines dispositions ont été conservées exécutoires par le décret de 1860.

Il nous est facile de résumer maintenant les principes et les conditions de cette législation.

Elle précise :

I. L'obligation d'une autorisation spéciale afin d'exploiter, pour tout propriétaire ou inventeur d'une source naturelle d'eau minérale.

II. La nécessité d'une autorisation spéciale pour l'établissement de dépôts de vente d'eaux minérales.

III. L'obligation d'une autorisation préalable pour quiconque a l'intention de fabriquer et d'administrer des eaux minérales artificielles.

IV. L'exercice d'un contrôle sur la fabrication des eaux minérales artificielles, afin qu'elles soient toujours conformes à des formules déterminées approuvées par le ministre.

V. L'interdiction aux propriétaires ou fermiers d'eaux minérales naturelles et aux fabricants d'eaux artificielles d'expédier ces eaux, sans que les envois soient accompagnés de certificats d'origine délivrés par des fonctionnaires spéciaux, et constatant la nature, l'importance, la date de l'expédition, et même les caractères du scellement des bouteilles.

VI. Une vérification analogue effectuée par les mêmes fonctionnaires lors de l'arrivée des eaux naturelles ou artificielles dans les magasins de dépôt, afin de reconnaître si ces eaux peuvent être livrées au public.

VII. L'obligation pour les débitants de tenir registre des quantités reçues et des ventes successives.

VIII. La détermination de tarifs, approuvés par les préfets, pour l'usage des eaux minérales et des moyens balnéaires.

IX. Une surveillance exercée par l'État pour la conservation et l'amélioration des sources, pour l'expédition des eaux, pour le traitement des malades dans les établissements, pour l'ordre, la police, la salubrité des établissements, pour la stricte observation des tarifs, la protection due aux malades, etc.

X. Cette surveillance, confiée aux ingénieurs des mines pour l'aménagement et la conservation des sources, à des médecins inspecteurs pour l'expédition des eaux, l'exploitation des sources, l'ordre, la police et la salubrité des établissements.

XI. L'obligation, pour les médecins inspecteurs, de remplir chaque année et d'adresser au ministre des tableaux dont le modèle leur est fourni, et des observations ou mémoires sur le mouvement des malades, les résultats de la cure, la statistique de la propriété locale à la suite de la saison, etc., etc.

XII. L'interdiction aux médecins inspecteurs d'entraver la liberté qu'ont les malades de suivre les prescriptions de leurs propres médecins, et de rien exiger des malades dont ils ne dirigent pas le traitement.

XIII. L'obligation pour les médecins inspecteurs de donner gratuitement leurs soins aux indigents admis à faire usage des eaux minérales.

XIV. Le droit pour le public de faire usage des eaux sans l'obligation d'aucune permission ni d'aucune ordonnance de médecin.

XV. La protection accordée par l'État contre les tentatives de détournement et d'altération des sources.

Comme effet de cette protection, déclaration d'*intérêt* public et détermination d'un périmètre de protection[1].

XVI. L'interdiction aux propriétaires de terrains ou immeubles compris dans l'étendue et même en dehors d'un périmètre de protection d'y entreprendre, avant enquête, des travaux, sondages, tranchées, fondations, etc.

XVII. La faculté pour le propriétaire d'une source déclarée d'intérêt public de faire tous travaux de captage et d'aménagement de cette source sur le terrain d'autrui, dans l'intérieur du périmètre de protection.

XVIII. Le droit pour l'Etat de s'emparer par voie d'expropriation d'une source qui, déclarée d'intérêt public, ne serait pas exploitée d'une manière qui en assurerait la conservation ou qui ne satisferait pas aux besoins de la santé publique.

XIX. Un impôt spécial exercé sur les propriétaires de sources minérales, directeurs d'établissements, propriétaires de dépôts d'eaux naturelles ou artificielles, afin de subvenir aux frais d'inspection.

Cet impôt, évalué au prorata des recettes dans les magasins de dépôt, et du revenu net résultant de la balance des produits et des dépenses ordinaires d'exploitation, dans les établissements.

Voilà donc nettement et textuellement résumée la législation actuellement en vigueur sur les Eaux minérales. Nous ne croyons en avoir rien omis, et nous n'avons l'intention d'en rien dissimuler. Il nous est facile maintenant d'en discuter successivement les dispositions et les

[1] C'est aux traités de jurisprudence administrative à expliquer à nos lecteurs la différence considérable qui existe entre la déclaration d'*intérêt* public et la déclaration d'*utilité* publique. L'intérêt public entraine la protection et impose en échange certaines charges au protégé.

intentions, d'examiner si elles sont bien en rapport, soit avec les besoins de la science, soit avec le droit commun et les principes actuels d'une administration libérale.

I. Pourquoi astreindre à une autorisation l'exploitation d'une source d'eau naturelle?

Elle émerge naturellement du sol, portant avec elle quelques principes particuliers, si peu sensibles, le plus souvent, qu'il a presque toujours fallu, pour signaler les sources minérales, l'instinct de la bête, fort supérieur en ces choses à l'instinct de l'homme. La science en est arrivée à ce point, aujourd'hui, qu'elle considère à peu près toutes les eaux comme étant plus ou moins minérales. Elle ne connaît pas d'eau qui soit chimiquement pure. Elle peut faire une distinction toute particulière pour les eaux thermales, où la thermalité est souvent plus notoire que la minéralisation ; mais en somme, minérale peu ou davantage, thermale peu ou beaucoup, où se trouve la nécessité légale, gouvernementale, de mettre des sources qui viennent naturellement et librement à la surface du sol, sous la tutelle ou mieux sous le veto administratif? Si la science ne connaît pas d'eau qui soit chimiquement pure, si l'eau de la Seine ou de la Loire est douée de principes minéraux souvent plus abondants que les principes reconnus dans telle eau classée comme minérale, où se trouve la limite qui détermine les eaux libres et les eaux protégées?

Et d'ailleurs, pourquoi cette protection? d'où vient-elle?

Nous avons dit que jadis, aux temps obscurs, aux temps amis du merveilleux, l'eau minérale était considérée comme un produit mystérieux, doué de vertus puissantes, contre lesquelles on jugeait prudent de se tenir en garde.

Lorsque l'analyse n'avait pas encore donné la sécurité, lorsque l'art de guérir s'abandonnait au hasard de l'empirisme, peut-être fallait-il protéger l'homme contre son imprudence. Et lorsque chez nous, il y a cinquante ans, lorsque chez un peuple voisin, beaucoup moins avancé que nous dans l'art de guérir, on exigeait la surveillance médicale pour tout usage de ce moyen de traitement, lorsqu'on a imaginé cette législation protectrice et préventive, c'est qu'on restait sous la vieille et aveugle influence de cette mystérieuse crédulité Cette législation n'a pas d'autre motif, ou du moins nous n'en voyons pas d'autre.

Aujourd'hui que nous considérons les choses avec une saine philosophie, la source d'eau, pure ou minérale, est un don naturel de la terre. C'est uniquement l'instinct, et non la science, qui nous donne l'une comme élément de l'hygiène, l'autre comme moyen de soulagement et de guérison. L'usage en est banal ; l'homme des champs ou de la montagne, conduit par la tradition, ou bien, nous le disions tout à l'heure, par l'expérience instinctive de la bête, s'arrête auprès de la source qui émerge du rocher ; il en boit quelques gorgées, il y baigne ses membres blessés ou endoloris, et il sait bien, de lui-même, s'arrêter s'il y a satiété ou danger.

De même que la source qui coule au bord du chemin, il y a pour le passant le fruit qui pend à la clôture du champ. Il y a le fruit du rosier sauvage, il y a la baie violette de la ronce et la baie rouge de l'épine-vinette ; il cueille ces baies, comme il boit l'eau de la source. Pourquoi lui a-t-on imposé une loi qui réglemente l'usage de la source, et pourquoi ne règle-t-on pas l'usage des fruits de la haie ? Et cependant, parmi ces baies, il en est qui sont vénéneuses, dont le danger est d'autant plus grand qu'elles ont souvent l'aspect d'autres baies qui sont comestibles ; il y a des imprudents qui en mangent et qui en meurent, et on ne meurt pas de l'usage, même un peu aveugle, d'une source minérale.

Pourquoi surveille-t-on l'emploi de l'eau minérale dans la crainte qu'elle ne nuise? pourquoi ne proscrit-on pas cette baie fatale qui tue?

On dit, à propos de la baie : C'est à l'homme à apprendre par lui-même ce qui lui est bon et ce qui lui est nuisible.

On dit, à propos de la source : Il faut protéger l'homme contre lui-même.

En cet état, vient l'homme à qui appartient le rocher et dans le domaine duquel coule la source. Il voit tel de ses voisins recueillant les noyaux de ses cerisiers et en extrayant une liqueur où domine un acide pernicieux, et qui se vend néanmoins à beaux deniers; il voit tel autre cultiver et distiller certaine plante amère, l'additionner d'agents toxiques et d'alcools à haut titre pour en relever le goût, en faire une boisson violente, fatale, mortelle, et la vendre librement, trouvant dans quelque sophistication non surveillée le moyen d'accroître considérablement ses profits. Il se dit qu'il pourrait tirer un honnête produit de cette source bienfaisante qui répare les souffrances humaines plus sûrement et moins empiriquement que bien des préparations de la pharmacopée. Il ne s'agit d'ailleurs ni d'apprêt ni d'alambic; il s'agit de conserver utilement cette source qui va se perdre et s'évaporer en suivant la pente du chemin, de la recueillir dans des vases clos et de retirer quelque salaire des soins qu'il y aura consacrés.

Mais la loi est là, elle ne défend pas de cueillir et de vendre la baie violette ou la baie rouge, d'extraire l'acide prussique du noyau de cerise, de distiller l'absinthe et de la teindre avec l'oxyde de cuivre; mais elle se réserve d'autoriser l'exploitation de la source d'eau minérale.

Pourquoi?

Dans l'intérêt de la santé publique, elle veut, la loi, que la source soit essayée par des hommes de science, qu'un conseil d'hygiène en connaisse, qu'il soit bien constaté si elle est sûrement captée, que la notoriété vienne dire qu'elle a fait du bien et qu'elle ne peut pas faire de mal. La loi ne considère pas seulement la source minérale comme une propriété privée, elle veut aussi la considérer comme une chose d'intérêt général à laquelle elle doit sa protection en dépit même du caprice de celui qui la possède. Elle ne voudrait pas que cette source, dont la conservation importe à la santé publique, fût exposée à disparaître. C'est là sa tradition : il faut des armes contre l'ignorance. Mais le sentiment de la propriété n'est-il pas aussi puissant aujourd'hui que la tutelle de la loi?

La loi veut que la source soit captée, et en interdirait l'exploitation si cette condition n'était convenablement remplie; mais faut-il que la loi s'en mêle, et cet aménagement n'est-il pas de l'intérêt tout naturel du propriétaire, et par conséquent de droit commun?

Nous ne combattons pas le captage, qui est une condition de propreté pour l'exploitation, d'inaltérabilité pour la source et de régularité dans son rendement; mais nous nous demandons si l'excès, en cette précaution, n'est pas un défaut; si la perfection moderne de l'aménagement ne pourrait pas être une cause d'amoindrissement des vertus curatives de la source.

On prétend, ceci est une opinion vulgaire, que les eaux minérales agissent moins aujourd'hui qu'autrefois; la pratique recourt bien davantage aux adjuvants, et surtout à cette recherche dans l'outillage balnéaire, qui, pour elle, joue un grand rôle dans les moyens d'action. Sans doute, les conditions générales de la santé humaine sont moins favorables; sans doute, il faut des moyens plus énergiques ; mais n'y a-t-il pas aussi quelque amoindrissement dans l'efficacité propre des sources, et ne serait-ce pas un peu par notre faute?

Il est aujourd'hui à peu près démontré, la Société d'hydrologie médicale de Paris le prouvera, que la peau humaine n'absorbe pas les liquides, que ce n'est pas par pénétration que peut agir un bain d'eau médicamenteuse. Il faut donc chercher ailleurs le secret de l'action des eaux minérales. Que ce soit l'électricité, d'après l'intéressante théorie de l'éminent et regretté professeur Scoutetten ; que ce soit l'influence des gaz insaisissables et impondérables qui se dégagent de la source, il nous semble bien évident que cette action électrique et ce dégagement gazeux sont d'autant plus sensibles que l'on se trouve plus près du griffon. Ces cures merveilleuses des premiers temps, c'était surtout parce que cette boisson souveraine était prise à l'issue même du sol ou du rocher; c'était parce que le malade venait aspirer les gaz au moment même où le premier contact de l'air extérieur en provoque le dégagement; c'était parce que le membre endolori subissait l'action électrique dès sa première émission.

La science aujourd'hui veut des monuments ; elle fait des merveilles d'hydraulique, des tours de force de captage, de distribution. Elle conserve l'eau minérale dans de magnifiques réservoirs qui multiplient les ressources, qui facilitent le refroidissement des eaux hyperthermales, et dans lesquelles le fameux « matelas d'azote ou d'acide carbonique » prévient l'action de l'air extérieur; elle conduit l'eau à de longues distances et dans une foule d'appareils divers. Mais au milieu de ces pérégrinations, de ces habiletés de la main-d'œuvre, que devient ce *quid divinum* de l'eau minérale? Les gaz attendent-ils le bon plaisir de l'exploitation pour se dégager, et l'électricité pour se manifester, à ces distances et dans l'emprisonnement de ces appareils? Cette vitalité, particulière à l'eau minérale, persiste-t-elle longtemps après l'émission et survit-elle à cet éloignement de la source? Que celle-ci soit isolée, sans doute, qu'elle soit mise à l'abri des caprices de la nature elle-même et des tentatives de l'homme; mais la perfection ici est un grave défaut.

Qu'on nous pardonne cette digression; elle nous est dictée par l'excès des exigences administratives à propos du captage; elle nous aide, aussi, à signaler le danger de cette précaution trop grande, dont nous ne voyons plus le motif.

Pourquoi, encore une fois, faut-il une enquête, une autorisation préalable pour procurer aux gens qui souffrent l'usage d'une source minérale?

On nous dit que, parce qu'elles sont appelées minérales, ces sources ont été placées sous le même régime que les autres produits du sol administrés par le service des mines. C'est une excuse; mais c'est une erreur de classification résultant de traditions dont les progrès de la science doivent faire justice.

L'eau qu'on appelle minérale est une eau qui a séjourné un peu plus longtemps que d'autres dans des milieux géologiques dont elle s'est assimilé les principes; qui, dans son parcours sous le sol, a « lixivié » une plus grande variété de gisements différents.

Est-ce là un produit minéral? Ne vaut-il pas mieux, si c'est une fausse interprétation administrative qui expose les eaux minérales à ces entraves, les appeler tout simplement eaux médicinales, ce qui les en dégagera?

Toujours est-il qu'aucune raison de santé ou d'hygiène publique, de responsabilité administrative ne nous paraît motiver l'autorisation préalable afin d'exploiter une source minérale; et aujourd'hui il nous paraît digne de l'administration de soustraire les propriétaires ou les inventeurs, qui désirent exploiter ces produits généreux, aux lenteurs, aux difficultés, aux puérilités de l'enquête locale, de l'analyse fort sommaire de l'Académie de médecine, du rapport, sans éléments autres que les constatations de l'empirisme, fait devant cette même Académie, et de s'en tenir, comme unique et suffisante garantie, à une déclaration faite par ledit propriétaire ou inventeur.

La liberté! Où en est le danger?

La source ne sera peut-être pourvue d'aucune des qualités qui lui auront été prêtées? Ce sera une surprise faite à la crédulité publique...?

Et quel meilleur vengeur de cette surprise que le public lui-même? Quelle plus sûre victime que l'audacieux qui aurait tenté cette entreprise éhontée? Et quel aura été le danger de cette surprise? Une distribution momentanée d'eau claire?

On s'était imaginé de dire que les propriétaires de l'eau iodée de Saxon trompaient la science et les consommateurs en versant clandestinement de l'iode dans le bassin de la source; on ne pensait pas aux quantités considérables de cet agent coûteux qu'il fallait employer pour rendre effective cette sophistication qui n'eût jamais été suffisamment productive.

Hélas! combien de fraudes autrement dangereuses se font sous les yeux de l'administration qui, sagement, laisse aux consommateurs le soin d'en faire justice!

Donc, nous supprimerions sans hésiter l'obligation de l'autorisation préalable édictée par l'article 1er de l'ordonnance de 1823. Une précaution peut être nécessaire, une surveillance peut être chose prudente; nous les proposerons dans les conclusions de ce travail.

Voici, comme document justificatif à rattacher aux considérations qui précèdent une note sur les pérégrinations d'une demande produite à cet effet. Si c'est là le sort commun, il est juste, trois fois juste de couper court à de telles entraves.

10 août. — MM...., propriétaires de la source d'eau minérale sulfureuse de S. B., adressent une demande au ministre afin d'être autorisés à exploiter cette source. Ils envoient en même temps une caisse de 24 bouteilles de cette eau, pour être soumise à l'analyse de l'Académie de Médecine de Paris.

25 août. — Lettre du ministre au préfet des Basses-Pyrénées, lui renvoyant la demande des propriétaires et réclamant un rapport de l'ingénieur des mines et l'avis du conseil d'hygiène du département.

10 septembre. — Lettre du préfet des Basses-Pyrénées à l'ingénieur en chef des mines à Bordeaux.

16 septembre. — Lettre de l'ingénieur en chef des mines de Bordeaux à l'ingénieur ordinaire des mines des Basses-Pyrénées, pour le charger de faire un rapport.

30 septembre. — Enquête de l'ingénieur ordinaire des mines des Basses-Pyrénées.

4 octobre. — Lettre d'envoi du rapport de l'ingénieur des Basses-Pyrénées à l'ingénieur en chef des mines à Bordeaux.

12 septembre. — Lettre d'envoi du rapport par l'ingénieur en chef de Bordeaux au préfet des Basses-Pyrénées.

28 octobre. — Convocation du conseil d'hygiène du département des Basses-Pyrénées, qui se déclare insuffisamment éclairé par le rapport de l'ingénieur et qui demande l'avis du conseil d'hygiène de l'arrondissement où se trouve la source.

4 novembre. — Lettre du préfet des Basses-Pyrénées au sous-préfet de l'arrondissement, pour qu'il convoque le conseil d'hygiène dudit arrondissement et lui demande son avis.

7 novembre. — Avis favorable du conseil d'hygiène de l'arrondissement, fondé, remarquons-le bien, sur la notoriété publique, par conséquent sur une exploitation populaire qui remonte le cours des âges.

9 novembre. — Lettre du sous-préfet au préfet, lui adressant l'avis du conseil d'hygiène de l'arrondissement.

18 novembre. — Réunion du conseil d'hygiène départemental et avis favorable adressé au préfet.

24 novembre. — Lettre du préfet au ministre, lui renvoyant le dossier.

Fin décembre. — Envoi du dossier et de la caisse des 24 bouteilles, du ministère à l'Académie de Médecine de Paris.

2 janvier 1872. — Enregistrement de la demande au secrétariat de l'Académie de Médecine et dépôt des 24 bouteilles au laboratoire de chimie de l'Académie.

10 mars. — *Sub judice lis est.* Voici ce qui reste à faire :

Après l'analyse au laboratoire, un rapport sera fait à la commission des eaux minérales près l'Académie, laquelle commission procédera à un examen contradictoire.

Cet examen donnera lieu à un rapport qui sera lu à l'Académie de Médecine en séance hebdomadaire, puis adressé au ministre.

Le ministre statuera enfin sur la demande.

Voilà un des mille exemples de la marche que suit une demande en autorisation préalable d'exploiter une source minérale.

Pendant ce temps que font les propriétaires? Ils laissent la tradition suivre son cours; les gens du pays emploient l'eau de la source, les médecins obéissent au mouvement et font des cures, on exploite en un mot, et on s'en trouve très-bien. Donc pourquoi toute cette enquête et pourquoi une autorisation. Et qu'adviendrait-il si la commission académique, opérant sur des bouteilles d'eau puisée depuis six mois, venait à conclure négativement? Qu'est-ce que cela prouverait? Et sur quel argument bien plausible pourrait s'appuyer l'interdiction à un propriétaire de se servir de sa propriété? Cela empêcherait-il la source de rester d'usage banal?

II. Pourquoi faut-il une autorisation spéciale afin d'établir un dépôt de vente d'eaux minérales?

C'est toujours, sans nul doute, parce que les eaux minérales sont des agents précieux dont l'altération serait préjudiciable à la santé publique; c'est sans doute parce que, après avoir considéré les pharmaciens comme seuls capables d'en recevoir le dépôt, l'administration a bien voulu se relâcher de cette règle étroite; mais, alors, en imposant certaines garanties aux maisons de vente. Les eaux minérales sont ainsi considérées à l'égal des remèdes secrets, des « remèdes utiles » et des spécialités.

Cela était ainsi, du moins; mais il nous semble que l'administration s'est relâchée de ses rigueurs à cet égard. On voit chez les épiciers des enseignes des eaux de Saint-Galmier, de Couzan, de Chateldon, de Saint-Alban.

Si nous avons bon souvenir, nous devons être pour quelque chose dans ce résultat. A la prière de propriétaires d'eaux naturelles gazeuses, nous avons, il y a bien dix ans, introduit une requête et fait des démarches pour que ces eaux fussent dégagées de ces entraves qui les empêchaient de lutter contre les eaux de Seltz factices. Une petite porte fut alors ouverte entre la surveillance et la liberté. Ce ne fut encore que pour certaines eaux, qui bénéficient de la dénomination d'*eaux de table*, imaginée depuis peu d'années afin de former une classe intermédiaire entre l'eau de rivière et l'eau médicinale. Le reste viendra, le bon sens aidant, pour le libre débit de toutes les autres eaux minérales : sulfureuses, iodées, bicarbonatées, ferrugineuses ; car aucune ne constitue une spécialité dangereuse, pas même l'eau arsenicale de la Bourboule ou de Wattewiller.

Si ce n'est pas à cause du danger, est-ce de peur des falsifications? Mais comment les falsifications seraient-elles à craindre aujourd'hui que la vulgarité des eaux transportées, la facilité des transports et l'abaissement des prix mettent la bouteille véridique à un prix tel, que la bouteille artificielle ne saurait coûter moins du triple ?

Ce n'est ni l'une ni l'autre objection, ce n'est même aucun motif d'hygiène, d'administration ni de police, à moins que ce ne soit de fiscalité? Mais quelle loi a pu autoriser l'ordonnance de 1823 à dire que les autorisations de dépôts de vente ne sont accordées qu'à la condition *expresse* de payer un tribut ? Et ce tribut se paye. A Paris, c'est la Préfecture de police qui le perçoit, qui dispense les émoluments auxquels il est destiné à pourvoir. Où est le droit de cet exercice? Dans quel budget est-il consacré aujourd'hui ?

III et IV. La fabrication des eaux minérales artificielles est actuellement du domaine unique de la pharmacie. Nous voulons dire que ce ne sont plus que des préparations magistrales destinées à produire quelque effet analogue à celui que produiraient certaines eaux minérales. L'inspecteur commis par l'art. 14 de l'ordonnance de 1823 n'a rien à y voir.

La réserve formulée par l'ordonnance de 1823 a toujours été une puérilité. Imposer des formules, les faire approuver par le ministre, charger un inspecteur d'en surveiller l'observation, c'était inexécutable, et il est probable que cela n'a jamais été exécuté.

On ne saurait plus considérer comme eau minérale artificielle ce produit hideux et malsain qu'on appelle eau de Seltz; et certes celui-là mériterait bien d'être soumis à une surveillance sérieuse! La formule à laquelle, aux termes de l'ordonnance, il faudrait, pour ce produit, la solennité d'une consécration sous forme d'approbation ministérielle, consiste en blanc d'Espagne dans un petit pot, en acide sulfurique versé sur ce blanc d'Espagne, en gaz acide carbonique dégagé de ce mélange, recueilli dans des cloches et comprimé à plusieurs atmosphères au moyen d'une pompe foulante qui l'introduit dans les siphons. L'eau est fournie par la rivière ou par les conduites affectées aux usages domestiques. La quantité d'eau employée est trop considérable pour qu'on ait le temps de la filtrer; le gaz est d'ailleurs un agent purificateur, bien que lui-même on n'ait pas le temps de l'épurer.

Voilà l'unique formule d'eau minérale artificielle dont un inspecteur, aux termes de l'ordonnance de 1823, ait à surveiller maintenant la religieuse observation. Mais combien d'autres fabrications plus dangereuses ne sont pas inspectées, et pourquoi une telle obligation imposée à des produits à peu près innocents?

C'est donc une disposition caduque, et le décret du

28 janvier 1860 aurait agi de pudeur en en prescrivant tout particulièrement l'abrogation.

V. La surveillance du puisement, de l'embouteillage, de l'expédition, le certificat d'origine avec date de l'envo et description du scellement de la bouteille.....

Nous permettra-t-on de dire que ceci est moins encore qu'une puérilité? Sait-on bien qu'il y a des fonctionnaires qui n'ont pas d'autre mission? que des titres ont été donnés qui ne s'appliquent pas à un autre mandat, attendu qu'il y a des sources minérales soumises à la surveillance réglementaire qui ne reçoivent pas un malade, pas un buveur, et qui n'ont d'autre caractère que celui d'une usine où l'on emplit des bouteilles, ensuite emballées et encaissées, après avoir été bouchées, capsulées ou goudronnées et étiquetées? Et pour cette surveillance, il faut être docteur en médecine et produire des titres à l'appréciation d'un comité supérieur.

Est-elle d'ailleurs possible? est-elle praticable? A-t-on voulu par cette disposition réglementaire, pour laquelle on réclame l'intervention d'un homme revêtu d'un caractère élevé, prévenir des fraudes blâmables et d'indignes substitutions?

Deux fontaines coulent sur la montagne de la Salette et dans la grotte de Notre-Dame de Lourdes. Ces fontaines n'ont, que nous sachions, aucune propriété qui les caractérise; il n'en est du moins question dans aucun travail scientifique; et cependant leurs eaux sont recherchées comme eaux de santé; on leur attribue des cures merveilleuses. Ces eaux sont mises en bouteilles; elles sont expédiées dans le monde entier; il s'en fait un grand commerce.

On assure que c'est la confiance, disons la crédulité, des personnes dévotieuses qui leur vaut ce succès, aussi légitime, et, à bien prendre, plus respectable que celui de certaines eaux minérales.

Cette exploitation est-elle autorisée? On nous dira que la loi est muette, que les eaux de la Salette et de la grotte de Lourdes ne sont pas des eaux minérales; qu'elles n'offrent, à ce titre, aucun danger, et qu'elles ne sont, par conséquent, tenues ni à l'autorisation préalable, ni à la surveillance. C'est spécieux, et alors il devient plus facile et plus avantageux d'exploiter de l'eau claire que de l'eau déclarée médicinale.

Il en est de même de l'eau de la fontaine Saint-Léon, de Bayonne, qui n'est nullement minérale, qui doit à une origine fort miraculeuse d'être considérée comme très-efficace pour faire marier les filles et pour guérir certaines maladies des yeux, qui s'est exportée de tout temps, jusqu'en Amérique, sans déclaration, sans enquête et sans certificat d'origine, et avec laquelle il s'est fait plus d'une fortune.

Nous trouvons dans la banlieue de Pau une source qui a une vogue analogue, la source des Marnières. C'est de l'eau claire, très-claire. La chimie, qui l'a étudiée et analysée, n'a pu parvenir à en constater autre chose que la limpidité parfaite. Et il y a des gens qui attribuent certaines vertus à l'eau des Marnières et qui s'en font adresser, même à Paris. Des goutteux, des graveleux en ont été fort soulagés. Ce serait donc une eau curative au premier chef, puisqu'elle aurait une action à laquelle prétendent vainement certaines eaux minérales, et néanmoins vous allez voir que si, par quelque sentiment de conscience ou d'amour-propre, la municipalité de Pau, qui en est propriétaire, s'avisait de vouloir exploiter cette source, on lui demanderait à quel titre; on lui dirait: « Etes-vous une eau minérale? Prouvez-le; provoquez l'enquête de la commission d'hygiène, l'analyse et le rapport de l'Académie de médecine. Cela demandera beaucoup de temps — nous venons de le prouver. C'est une question de milligrammes, vous ne les avez peut-être pas, vous courez le risque d'une fin de non-recevoir; mais vous n'aurez pas, sans ces conditions-là, votre certificat d'origine. »

Or, si nous surveillons les eaux minérales, si nous n'en autorisons l'exploitation qu'à bon escient, si nous voulons qu'un fonctionnaire très-recommandable préside à la mise en bouteilles et atteste la provenance, c'est parce que nous ne permettons pas que l'on abuse de la crédulité du consommateur. Mais si telle eau pure, sans autre titre que la confiance, fait toutes ces belles cures dont on parle, et, grâce à ces cures, s'expédie si universellement, il en résulte la condamnation absolue des eaux de Vichy, de Vals, de Vittel, de Contrexéville, de Martigny, malgré les recommandations de la science, ou bien c'est la critique d'une réglementation qui entrave l'exploitation de celles-ci par une surveillance futile, et qui laisse toute liberté à la circulation de celles-là, sous le couvert de l'empirisme et d'une aveugle tradition.

Que faire en cet état? Reconnaître que l'eau minérale qui voyage est moins exposée et nécessite moins de surveillance que tant d'autres productions liquides livrées aux hasards de la locomotion, sans nulle garantie. Ici, comme pour tout produit commercial, la garantie est dans l'amour-propre et la bonne foi de l'envoyeur; le contrôle est dans l'intérêt même du consommateur.

Et cette mesure est-elle réellement praticable? Un inspecteur, un médecin, oserait-il, sans rire, affirmer qu'il a assisté au puisement, qu'il a vérifié les quantités de bouteilles expédiées, qu'il a constaté le scellement effectué au moment même de l'embouteillage?

Il y a d'ailleurs à l'exécution de cette formalité un grand obstacle matériel. C'est que l'exploitation pour l'expédition se fait rarement pendant la saison des cures. Le personnel est occupé à autre chose, et l'on tient d'ordinaire à épargner aux visiteurs la gêne que cause cette exploitation. Or, lorsque la saison est close, lorsque le personnel est libre, la grande utilité de l'opération disparaît. Le médecin inspecteur n'a plus de malades, son cabinet est fermé, il s'échappe comme sa clientèle, laissant de confiance les certificats d'origine revêtus de son blanc seing. Il y a quelque pudeur à n'en pas exiger davantage; donc autant vaut faire justice de cette formalité dérisoire.

Puis, autre chose. Il y a toute une classe de sources minérales qui ne sont pas pourvues d'inspecteurs, celles dont le revenu est inférieur à 1,500 francs et qui auraient le plus besoin d'une tutelle médicale. Les ordonnances n'interdisent pas l'expédition des eaux de ces sources et ne peuvent vouloir empêcher d'en améliorer le revenu; et alors on les expédie sans nulle surveillance, et ce sont précisément pour celles-là, qui ont leur réputation à établir, que l'on pourrait être tenté de mettre dans la bouteille un peu d'iode, d'arséniate, de lithium ou même de sel de cuisine. Ceci mérite attention.

VI et VII. « Lors de l'arrivée desdites eaux au lieu de leur destination, ailleurs que dans des pharmacies et chez des particuliers, les vérifications nécessaires pour s'assurer que les précautions prescrites ont été observées et qu'elles peuvent être livrées au public seront faites par les inspecteurs. Les caisses ne seront ouvertes qu'en leur présence et les débitants devront tenir registre des quantités reçues ainsi que des ventes successives. » (Art. 17 de l'ordonnance de 1824.)

Et cette disposition subsiste comme toute disposition réglementaire qui n'a pas été formellement supprimée. Il y a des médecins-inspecteurs qui sont chargés de cette mission, qui reçoivent, pour la remplir, des émoluments auxquels il est pourvu au moyen d'un impôt levé sur les magasins de dépôt. Impôt indépendant de la patente, indépendant des taxes municipales, impôt arbitraire, nous venons de le dire, et qui est une *condition expresse* de l'autorisation d'ouvrir un dépôt de vente. Est-ce sérieusement que cette obligation existe? Les médecins-inspecteurs, spécialement, uniquement commis à l'arrivée des eaux minérales au lieu de destination, assistent-ils réellement à l'ouverture des caisses ; constatent-ils et déclarent-ils que ces eaux peuvent être livrées au public, visent-ils et vérifient-ils, puisqu'ils sont inspecteurs, le bilan des quantités reçues et vendues?

S'ils le font, nous plaignons des hommes honorables et distingués d'appliquer à ces futilités leur caractère professionnel. S'ils ne le font pas, s'ils se bornent à donner, du fond de leur cabinet, des signatures qui attestent ce qu'ils n'ont pas vu, qui devons-nous plaindre? Peut-être l'administration, qui a reçu l'héritage de ces inutilités et de ces abus?

VIII. « Les propriétaires, régisseurs ou fermiers, dit l'article 18 du décret du 28 janvier 1860, envoient aux préfets le tarif détaillé des prix correspondant aux modes divers suivant lesquels les eaux sont administrées et des accessoires qui en dépendent (*sic*). »

L'ordonnance de 1823 dit en outre (art. 10) : « ..... L'approbation des préfets ne pourra porter aucune modification dans les prix et servira seulement à les constater. »

Ici une petite observation de détail : cette dernière stipulation n'est pas reproduite dans le décret de 1860, mais elle n'est pas contraire aux dispositions de ce décret, et par conséquent elle subsiste (art. 34). Pourquoi ce décousu qui renvoie d'un règlement à l'autre ceux qui ont à obéir à cette législation, et pourquoi ne pas avoir fondu tous ces instruments antérieurs en un seul, afin d'éviter les interprétations ambiguës? C'est là ce qui devient indispensable aujourd'hui.

On se demande si cette approbation du préfet est obligatoire, et dans bien des localités on la considère comme telle.

Soit; il faut, paraît-il, une approbation au tarif de l'établissement de bains pour qu'il puisse être affiché et observé; tous ceux que nous voyons, que nous collectionnons, portent cette approbation. Mais à quoi sert-elle?

Approbation sous-entend appréciation, contrôle, discussion. Si le préfet approuve, c'est sans doute qu'il pouvait ne pas approuver; mais ici il doit homologuer purement et simplement. Il n'a pas à approuver le tarif, puisqu'il n'a pas le droit d'en modifier les prix. Mais alors à quoi bon cette intervention d'un fonctionnaire du caractère d'un préfet?

Il se passe sous le régime de cette disposition réglementaire des faits monstrueux : un propriétaire de bains présente au préfet un tarif d'une exagération ridicule, qui a d'autant plus le caractère d'une exaction, qu'il y a monopole, qu'il n'y a pas de concurrence, et que le malade est là, besoigneux de santé, forcé d'en passer par ces rigueurs de l'exploitation. Le préfet lève les épaules et approuve, et le tarif est d'autant plus brutal, que l'on dit au malade, lequel ne sait pas combien cette signature est chose vaine : « Il est approuvé par le préfet. »

Nous ne croyons pas que le paragraphe ci-dessus rappelé de l'ordonnance de 1823 puisse rester en vigueur. Les rédacteurs du décret de 1860 ont eu certainement l'intention de l'abroger, mais leur intention n'a pas été suffisamment exprimée. Il vaut mieux reconnaître que l'attache du préfet, en ces conditions, est complétement inutile.

Ayez des tarifs, sans nul doute; ces tarifs sont une question commerciale dont le propriétaire des bains doit accepter les risques et supporter les conséquences. Déclarez qu'une fois établis, ces tarifs ne doivent pas être modifiés dans le cours de la saison, selon le caprice des exploitants; faites-y apposer une attache qui en consacre la date et l'authenticité; mais que ce ne soit pas une *approbation*, puisqu'ils ne peuvent être discutés, et ne rendez pas le préfet solidaire de cette approbation, qui n'est qu'une formalité passive.

IX à XIII. La surveillance et l'inspection.

Pour tout ce qui précède, pour tout ce qui va suivre, les ordonnances veulent que l'Etat exerce une surveillance, afin de couvrir sa responsabilité à l'égard de la santé publique.

Rien n'est plus légitime; seulement, et nous l'avons déjà exprimé dans la discussion qui précède, il ne faut pas que la préoccupation de cette responsabilité conduise l'administration jusqu'à l'arbitraire, pendant que, sur d'autres points, elle abdique absolument toute espèce d'intervention.

Nous avons cité des exemples et ne croyons pas nécessaire d'insister.

L'administration doit, en l'état actuel de la réglementation, assurer la conservation et, au besoin, l'amélioration des sources; surveiller l'expédition des eaux naturelles, la fabrication des eaux artificielles; contrôler la vente de ces eaux; assurer le bon ordre et la salubrité dans les établissements de bains; tenir la main au libre usage des eaux; empêcher toute préférence dans la distribution des heures de bains et de douches (1); faire observer les tarifs; pro-

(1) Afin que les malades ne se disent pas, par exemple : « Il vaut bien mieux aller consulter M. l'inspecteur, parce que c'est lui qui dispose de la liste. » Cela peut ne pas être ; mais cela se dit et il est très-grave que l'on puisse attribuer ce privilége à quelqu'un.

téger les malades et surtout les indigents; veiller à la séparation des sexes.

La séparation des sexes! L'ordonnance de 1823 n'en a pas dit un mot, c'est le décret de 1860 qui a cru cette recommandation nécessaire. Les moralistes trouvent l'histoire des mœurs dans l'étude des lois; il résulterait de ceci que les sexes ne se confondaient pas en 1823, ou que la pudeur administrative n'était pas offensée de cette confusion, et qu'en 1860 il s'est manifesté des tendances auxquelles il a fallu porter remède. Voilà une époque dont la prudence et la moralité sont mises en lumière par un règlement sur les eaux minérales.

Nous avons eu sous les yeux de très-curieux dessins, copiés par M. Berger, sur les originaux que renferme le manuscrit Nicolaï à la bibliothèque Mazarine. Ce manuscrit, qui date de 1567, est une description des principaux bains du vieux Bourbonnais, Vichy, Néris, Bourbon-l'Archambault et Bourbon-Lancy.

Aux temps confiants, les bains se prenaient dans un vaste bassin à l'air libre, alimenté directement par la source à sa sortie immédiate du puits d'origine. Les vêtements étaient déposés sur la margelle du bassin, les sexes étaient confondus; le costume balnéaire était primitif.

La pudeur administrative ne s'inquiéta-t-elle donc jamais de cette promiscuité? Il est pour le moins étrange que ce soit seulement en 1860 que l'on se soit avisé de faire, à cet égard, une prescription toute spéciale, et qu'on ait parlé de la séparation des sexes dans un document public. Il est de ces choses qui n'ont pas besoin d'être édictées; elles ne réclament pas la solennité d'un décret impérial. C'est de la civilité puérile et honnête, et la morale publique s'en charge d'elle-même. Le niveau des mœurs n'admet plus ces libertés. Il faut donc laisser faire l'usage et la morale. Lorsque ces deux lois s'installent, la loi promulguée n'a plus rien à faire. D'autant, il nous semble, qu'il y a encore des localités où la tradition balnéaire admet les deux sexes dans la même piscine, avec des précautions qui rendent la piscine dix fois plus honnête qu'un salon de bal. C'est à Luxeuil, par exemple, et à Louesche, où le bain est à la fois restaurant, casino, gymnase et salon de jeu. Le règlement ne peut rien contre es coutumes empiriques.

Aux bains de mer, les divisions sont fort illusoires, et les caprices de la marée confondent souvent ce que la police voudrait séparer. A Biarritz, il serait impossible, dans cette charmante crique du Port-Vieux, entourée de rochers, d'exiger la séparation des sexes. La décence n'en est que plus strictement observée.

Au Crotoy, au bain Phantôme, il y a trois rangs de perches et trois écriteaux portant pour inscriptions : « Sexe féminin. — Sexe masculin. — Messieurs les ecclésiastiques. » Lorsque la mer monte et que les perches ont disparu sous les hautes eaux, les trois sexes sont à peu près réunis, pour le curieux qui observe les baigneurs du haut de la dune. Que peut faire à cela la recommandation réglementaire? Les sexes, le plus souvent, ne demandent pas mieux que de se séparer.

Reprenons l'examen du neuvième paragraphe de cette étude, le plus intéressant dans les circonstances présentes.

Ayant à exercer les diverses surveillances que nous venons d'énumérer, l'État s'est demandé à qui il en remettrait le soin.

Ces surveillances sont de deux ordres : d'un côté les questions techniques, de l'autre côté les questions d'administration et de police.

Pour le régime des sources, il a l'ingénieur des mines;

Pour les questions de salubrité, d'hygiène et de santé, il a le médecin ;

Pour le bon ordre, la police, la protection des droits de tous, la garantie commerciale, il existe des agents de surveillance administrative.

Il y a d'ailleurs une distinction à introduire dans les droits de l'État à ces divers points de vue. Il est maître absolu chez lui, c'est-à-dire dans les établissements thermaux qui lui appartiennent. Ces établissements sont Bourbonne, Bourbon-l'Archambault, Luxeuil, Néris, Plombières, Vichy. Il peut aussi, aux termes de la loi du 14 juillet 1856, exercer une action impérative sur les établissements qui ont obtenu la déclaration d'intérêt public et qui, par cela même, doivent compte à l'État de toutes les circonstances de leur exploitation.

Mais hors de ces conditions, et au nom du droit de propriété, le citoyen qui exploite la source coulant sur son terrain; qui établit une buvette de cette source en percevant un tribut de consommation; qui construit de ses deniers autour de cette source un établissement de bains et y aménage tous les appareils balnéaires réclamés par la pratique médicale; qui groupe autour de cet établissement toutes les installations de nature à rendre la vie facile et le séjour agréable; pourquoi serait-il mis en tutelle, surveillé, contrôlé, à peu près comme s'il était mineur ou incapable?

Nous parlions tout à l'heure d'arbitraire, ce qui est sans doute une imputation grave; pourquoi faut-il que nous trouvions cette imputation justifiée par une plume « légiste, » dans un ouvrage qui a une grande autorité, le *Dictionnaire général de médecine* de la librairie Baillière (article *Eaux minérales. Législation*).

« L'intérêt de la santé publique, dit cet article, réclame impé-
« rieusement, pour les sources d'Eaux minérales, une dérogation
« au droit de propriété, et il était impossible d'en laisser l'exploi-
« tation absolument libre. »

Dérogation au droit de propriété, n'est-ce pas l'arbitraire? S'installer chez le propriétaire, réglementer son exploitation, paralyser la libre jouissance du patrimoine, soumettre ses serviteurs à une autorité autre que la sienne, surveiller ses actes commerciaux; est-il bien vrai qu'il y ait, pour la santé publique, dans la surveillance des eaux minérales, un intérêt tellement impérieux qu'il faille attenter au plus respectable de tous les droits? Cet argument a-t-il été bien pesé, bien raisonné, et n'est-il pas autre chose que la conséquence légèrement acceptée de traditions venues, comme nous l'avons déjà dit, des temps naïfs?

N'en déplaise à la plume légiste et à l'autorité qui lui est généralement accordée, non, rien n'autorise l'administration, aujourd'hui qu'elle est éclairée et que nous sommes éclairés, à persister dans cette opinion « qu'il est impossible de laisser absolument libre l'exploitation des sources minérales. » Il est très-possible, au contraire, de les placer dans le droit commun et de les soumettre à la même surveillance que les autres produits utilisés pour la santé publique, sans nulle dérogation au droit commun.

Il s'agit, dit-on, d'une branche des plus précieuses de la fortune publique. Mais chacun des produits du sol n'a-t-il pas sa part précieuse de la fortune publique, et n'y a-t-il pas, comme partout, chez le propriétaire de la source minérale, l'intérêt personnel, le sentiment de la conservation et de l'amélioration de son patrimoine, comme garants de sa bonne gestion?

Les eaux minérales sont des ressources précieuses, sans doute, mais elles sont nombreuses aussi, et nous n'avons à redouter ni de les voir tarir, ni de les trouver insuffisantes. Il y a quelque exagération de tradition dans l'opinion que l'on se fait de leur préciosité, et les propriétaires eux-mêmes nous diront qu'il y a des sources pour tout le monde ; mais qu'il n'y a pas autant de monde que les sources voudraient bien en attirer.

La législation des eaux minérales a été bien plutôt faite en vue de celles de ces eaux qui appartiennent à l'État, que de celles qui appartiennent aux particuliers. Ces surveillances, ces craintes de voir les sources compromises ou altérées ; ce contrôle de la sincérité des expéditions ; ces visites prescrites aux ingénieurs des mines ; ces inspections de la salubrité des eaux et de l'organisation balnéaire ; cette autorité donnée à l'inspecteur sur les employés, tout cela part de ce fait évident que l'Etat travaillait exclusivement pour lui et pour l'administration de sa propriété, en élaborant la réglementation des eaux minérales.

Mais, en réalité, l'Etat ne compte que six établissements où il soit souverain arbitre, où il puisse déléguer à qui bon lui semble son autorité, ses droits de contrôle, de haute et basse justice sur le personnel.

A côté de ces six établissements de l'Etat et des quelques autres qui ont obtenu la déclaration d'intérêt public, il en est qui appartiennent à des départements, d'autres qui appartiennent à des communes ou à des groupes de communes, d'autres encore qui sont propriété des hospices, et tous ceux-là sont administrés selon qu'il convient aux conseils généraux, aux conseils municipaux ou aux commissions hospitalières. Enfin il en est un grand nombre qui sont propriétés particulières, et les propriétaires peuvent-ils être soumis à autre chose qu'à ces conditions générales imposées par la légitime harmonie qui doit exister dans l'administration des choses d'une nation (1) ?

(1) L'arrêté du 3 floréal an VIII, qui divisait les établissements en trois classes, n'entendait parler que de l'administration des sources *appartenant à la République*. L'arrêté du 6 nivôse an XI eut pour objet d'étendre ces dispositions aux *sources communales*. On ne s'occupait en aucune façon des sources appartenant aux particuliers.

Ces conditions sont uniquement la santé publique, le bon ordre et la protection due à tous à titre égal.

Afin d'y satisfaire, il est régulier que l'Etat charge les ingénieurs de prêter leur concours pour assurer la conservation des sources et pour aider à leur amélioration.

Au point de vue de l'intérêt de la santé publique et des progrès de l'art de guérir, il est juste que l'Etat provoque de la part des médecins une surveillance professionnelle et des observations pratiques dont la science puisse tirer profit.

Quant aux questions d'ordre, de police extérieure, de salubrité, de décence, de tarifs, de distribution des heures, quelques-unes sont de police générale et incombent aux agents chargés habituellement de ce soin ; mais il en est qui sont à la diligence seule des propriétaires, tenus, sauf le recours du public, à l'exécution des règlements que les préfets établissent aux termes du décret de 1860, « les propriétaires entendus. »

Ce sont là strictement et logiquement, toute part faite aux exigences administratives, les conditions dominantes du concours que l'Etat peut devoir à l'industrie des eaux minérales.

Quel est le rôle des ingénieurs ? Ils font des tournées régulières, dit l'article 13 du décret de 1860 ; mais, dans ces tournées régulières, quelle est la mesure du droit qu'ils ont à exercer ? Mesure fort restreinte, s'ils ont la conscience des droits légitimes du propriétaire à diriger son bien et sa source au mieux de ses intérêts. Puis les ingénieurs (même article) font des visites spéciales « lorsque les besoins du service l'exigent, » et sans doute lorsque ces visites sont réclamées par les propriétaires ?

Enfin, l'ingénieur doit informer le préfet des contraventions qui viennent à sa connaissance. Quelle est la nature de ces contraventions ? destruction du captage, introduction d'eaux douces, mauvaise direction donnée à la source, diminution du rendement ? Cela peut être mauvaise administration, maladresse, inexpérience ; mais *contravention* ou *infraction!* Ces contraventions ressemblent à celles que commettrait un rentier qui brûlerait volontairement ses titres sur le grand livre. Il est probable que l'ingénieur a peu de constatations à faire à cet égard.

Quelles sont maintenant les véritables attributions des médecins-inspecteurs ? Elles sont beaucoup moindres qu'on ne le croit généralement, beaucoup moins absolues que certains inspecteurs ne le pensent, et beaucoup moins réelles que ne le craignent ceux qui dirigent leurs protestations contre ces attributions.

A cet égard, et selon que certains y trouvent leur compte, on invoque tantôt l'ordonnance de 1823, tantôt le décret de 1860. Il importe de bien établir quelles dispositions de l'ordonnance ont été maintenues par le décret, quelles autres n'ont pas survécu, par conséquent lesquelles sont en vigueur.

L'ordonnance de 1823 disait :

« L'inspection a pour objet tout ce qui dans chaque établissement importe à la santé publique. (Art. 4.)

« Les inspecteurs veillent à la conservation des sources, à leur amélioration, à ce que les eaux ne soient ni falsifiées ni altérées. (Art. 5.)

« Ils surveillent, dans l'intérieur des établissements, la distribution des eaux, l'usage qui en est fait par les malades, sans pouvoir mettre obstacle à la liberté qu'ont ces derniers de suivre les prescriptions de leurs propres médecins, etc. (Art. 6.)

« Les préfets, après avoir entendu les propriétaires *et les inspecteurs*, font des règlements particuliers ayant en vue l'ordre intérieur, la salubrité des eaux, le libre usage, etc., etc. (Art. 8.)

« Les inspecteurs peuvent requérir le renvoi de ceux des employés qui refusent de se conformer aux règlements. (Art. 9.)

« Ils soignent gratuitement les indigents admis dans les hospices dépendant des établissements thermaux, et sont tenus de les visiter au moins une fois par jour. (Art. 11.)

« Ils adressent au ministre des tableaux dont il leur est fourni des modèles, ils y joignent les observations qu'ils ont recueillies et les mémoires qu'ils auront rédigés sur la nature, la composition, l'efficacité et le mode d'application des eaux. (Art. 12.)

« Ils gardent copie des formules des préparations artificielles et sont chargés de veiller à ce qu'elles soient exactement suivies. (Art. 14.)

« Ils surveillent l'expédition des eaux minérales naturelles et artificielles, délivrent les certificats d'origine, constatent les quantités expédiées, etc. (Art. 16.)

« Ils s'assurent, à l'arrivée, que les précautions prescrites ont été observées... Les caisses ne sont ouvertes qu'en leur présence... (Art. 17.)

« Ils sont entendus par les préfets pour l'établissement des cahiers des charges lorsqu'il y a lieu de mettre en ferme les établissements appartenant aux départements ou aux communes. (Art. 22.)

« Ils donnent leur avis pour la nomination des employés dans ces derniers établissements. (Art. 24.)

« Ils donnent leur avis pour les travaux de réparations, constructions, etc., à faire dans ces mêmes établissements. » (art. 25.)

Voilà, sans rien omettre, ce qu'attribuait aux inspecteurs l'ordonnance de 1823. Voyons comment ces attributions sont reproduites dans le décret de 1860 :

« Il n'y a pas d'inspecteur attaché à la localité dont le revenu est inférieur à 1,500 fr. (Art. 5.)

« *Pendant la saison des eaux*, le médecin-inspecteur exerce la surveillance sur toutes les parties de l'établissement affectées à l'administration des eaux et au traitement des malades, ainsi que sur l'exécution des dispositions qui s'y rapportent, sans pouvoir restreindre la liberté qu'ont les malades de suivre la prescription de leurs propres médecins, etc. (Art. 3.)

« Ils soignent gratuitement les indigents admis à faire usage des eaux minérales, à moins que ces malades ne soient placés dans des maisons hospitalières où il serait pourvu à leur traitement par les autorités locales. (Art. 11.)

« Le médecin-inspecteur informe le préfet des contraventions des infractions aux règlements sur les eaux minérales qui viennent à sa connaissance. (Art. 14.)

« Les inspecteurs ont le droit de requérir, sauf recours au préfet, le renvoi des employés qui refuseraient de se conformer aux règlements. (Art. 17.)

« Ils reçoivent, à l'issue de la saison des eaux, du propriétaire, régisseur ou fermier de chaque établissement, un état portant le nombre des personnes qui ont fréquenté l'établissement et y joignent leurs observations. (Art. 20.)

« L'inspecteur fait partie de la commission chargée, sous la présidence du préfet, de l'examen des états de produits et de dépenses fournis par les propriétaires, régisseurs ou fermiers. (Art. 29.)

« Egalement il fait partie de la commission qui se réunit à la préfecture pour donner son avis sur l'enquête ayant pour but la déclaration d'intérêt public et la fixation d'un périmètre de protection. (Art. 6 et 10 du décret du 8 septembre 1856.)

« Et il donne son avis sur les sondages et travaux souterrains à exécuter dans le périmètre. » (Art. 15 du même décret.)

De la comparaison des deux résumés que nous venons de faire, il résulterait que, d'après le décret de 1860, les inspecteurs n'auraient plus à veiller à la conservation des sources, à leur amélioration, à en prévenir l'altération, à en surveiller la distribution (5 et 6, 1823). En effet, la conservation des sources, leur amélioration, les précautions à prendre pour qu'elles ne soient pas altérées, la distribution des eaux, ce sont là missions d'ingénieurs ; et le décret de 1860 consacre ainsi la tendance, plusieurs fois manifestée par le service des mines, d'être mis en possession d'attributions qui lui revenaient plus légitimement. Les médecins-inspecteurs auraient donc seulement « à exercer leur surveillance, pendant la saison des eaux, sur les parties de l'établissement affectées à l'administration des eaux et au traitement des malades, et sur l'exécution des dispositions qui s'y rapportent (9, 1860). »

Les « dispositions qui s'y rapportent » sont évidemment celles que déterminent les règlements dont parle l'art. 16

de 1860, c'est-à-dire : la salubrité des cabinets, bains, douches, piscines, etc. ; le libre usage des eaux ; l'exclusion de toute préférence dans les heures ; la protection particulière due aux malades. Quant aux mesures d'ordre et de police, quant à la séparation des sexes, quant à l'égalité des prix, cela incombe uniquement ou au directeur de l'établissement ou au malade lui-même.

Il existe dans cette rédaction de l'art. 9 une restriction qui nous semble grave, celle qui résulte de ces mots : « pendant la saison des eaux. » Ce serait alors seulement pendant la saison des eaux que s'exercerait le mandat du médecin-inspecteur, par conséquent il n'aurait plus, hors de la saison des eaux, ni à résider, ni à surveiller l'expédition, ni à délivrer les certificats d'origine, ni à constater les quantités expédiées ? Nous sommes, croyons-nous, dans la vérité si nous considérons toutes ces petites obligations comme réellement supprimées. Cela était ainsi bien avant 1860, et le droit a sagement agi en se soumettant au fait.

Aux termes de l'article 8 de 1823, les préfets entendaient les inspecteurs en même temps que les propriétaires, pour établir les règlements particuliers des établissements. Aux termes de l'article 16 de 1860, ces règlements sont arrêtés par les préfets, les propriétaires, régisseurs ou fermiers préalablement entendus, et il n'y est plus question de l'intervention des inspecteurs.

La mission de l'inspecteur ne s'exerçant plus que pendant la saison des eaux, on comprend que sa conscience soit moins engagée s'il ne remplit pas complétement l'obligation que l'ordonnance et le décret lui imposent, de soigner les indigents. Il y a en effet, nous l'avons dit, beaucoup de stations où, par un sentiment de bon ordre, pour éviter l'encombrement, les préfets assignent aux indigents le mois qui précède et le mois qui suit la saison réelle. Sans doute, soigner les pauvres est un droit qu'on ne délègue à personne ; sans doute la plume légiste que nous avons déjà citée a dit, au même lieu, que « la médecine thermale des indigents est une des plus belles attributions des médecins-inspecteurs. » Mais si l'inspecteur n'est pas là quand les pauvres y sont, on peut dire que cela ne tient pas à l'inspecteur et que la faute en est toute aux préfets.

Le décret de 1860 a restreint à cet égard l'obligation créée aux inspecteurs par l'ordonnance. Celle-ci leur donnait tous les indigents hospitalisés, et leur prescrivait de les voir au moins une fois par jour; le décret n'impose plus à leurs soins une régularité quotidienne; il ne leur assigne que les indigents non hospitalisés, et laisse aux soins de médecins locaux ceux qui sont reçus dans des maisons hospitalières.

Les deux règlements sont du moins d'accord pour donner aux inspecteurs le droit de requérir le renvoi des employés qui ne se conforment pas aux règlements. Moins absolu toutefois que l'ordonnance de 1823, le décret de 1860 a introduit en faveur du justicié la faculté du recours au préfet. Et encore, admettons-le pour expliquer cette disposition draconienne, il ne peut être question, nous persistons à le croire, que des employés des établissements *régis* par l'Etat, et nous disons *régis*, parce que, dans les établissements de l'Etat *affermés*, le personnel dépend naturellement et uniquement du fermier, comme, dans les établissements privés, il dépend du propriétaire. Comprendre autrement ces dispositions, ce serait tout aussi grave que la dérogation au droit de propriété, légitimée par le rédacteur du *Dictionnaire de Médecine.*

L'ordonnance de 1823 demandait des tableaux, des mémoires, des observations; le décret de 1860 n'en parle pas. Est-ce pour cela que quelques-uns s'abstiennent et que les travaux scientifiques se trouvent en si petit nombre à l'appui du rapport annuel de l'Académie? Alors, il est de notre devoir de dire aux médecins-inspecteurs qui consultent seulement le décret de 1860, que l'article 34 de ce décret déclare exécutoires les dispositions de 1823 qui ne sont pas contraires aux trente-trois articles précédents. Or, il n'est contraire ni à l'esprit ni à la lettre du décret impérial du 28 janvier 1860, de fournir à la science des éléments d'investigation et de conviction. 1823 ne demandait que des observations scientifiques; 1860, qui est une époque plus matérielle, veut aussi de la statistique; c'est pour cela que l'article 20 charge l'inspecteur de recevoir des propriétaires et d'adresser au ministre l'état numérique des personnes qui ont fréquenté l'établissement pendant la saison.

Les médecins-inspecteurs sont-ils encore entendus lors de l'établissement des cahiers des charges pour la mise en ferme des établissements départementaux ou communaux? donnent-ils encore leur avis pour la nomination des employés dans ces derniers établissements? opinent-ils lorsqu'il s'agit d'y faire des travaux de réparation? L'ordonnance de 1823 disait oui; le décret de 1860 ne dit rien, ce qui peut être pris pour non; car ces immixtions du médecin dans des questions d'administration et de surveillance matérielle, sont évidemment contraires à l'esprit plus logique dans lequel le décret de 1860 a été conçu.

Assurément l'État, faisant un règlement pour la surveillance de ses établissements, — et notre thèse à cet égard ne nous paraît pas réfutable, — a pu donner à l'agent qu'il y a commis telles attributions qu'il a jugées nécessaires; mais cela ne saurait faire que ces attributions puissent s'exercer partout ailleurs de la même manière; cela ne fait pas non plus que, dans l'établissement de l'État, elles puissent s'étendre jusqu'à porter atteinte aux droits professionnels, interrompre, par exemple, des traditions médicales, et faire du fonctionnaire un despote redouté.

Le travail auquel nous venons de nous livrer est long, sans doute ; mais cet examen minutieux est de rigueur lorsqu'il s'agit de tirer de la loi d'exactes conséquences ; et une conséquence évidente ici, c'est que, d'un règlement à l'autre, les attributions des médecins-inspecteurs ont été modifiées, et que leur autorité a été considérablement affaiblie. C'est que beaucoup de ces attributions de 1823 ont été trouvées, en 1860, contraires à l'avancement libéral des idées à cette époque. Qu'est-ce donc à l'époque présente? La lutte qui se fait aujourd'hui vient-elle seulement d'un parti pris, ou bien est-elle inspirée par de logiques convictions?

Nous savons qu'un auteur, fort expert en questions légales, a dit que l'inspectorat était « un corps fortement constitué, » remarquable par « le mode de recrutement, » distingué par le « respect de la hiérarchie. »

Est-ce bien vrai? Ne sont-ce pas là plutôt les amplifications d'un ami sans doute dévoué, mais fort imprudent?

L'aveu contraire a été fait, dès 1860 :

« Si l'expression d'*agent de surveillance* était admissible, nous l'appliquerions à l'inspecteur. Le décret ne laisse aucun doute à cet égard. » (*Gazette des Eaux* du 25 octobre 1860, article sur l'inspection médicale, signé L. B.)

Pourquoi la dignité professionnelle a-t-elle accepté ce rôle amoindri, malgré la hiérarchie, malgré le mode de recrutement, malgré la « forte » constitution du corps? Le signal de cet amoindrissement a été donné par l'article 15 du décret de 1860, qui a affranchi l'usage des eaux de toute permission, de toute cédule médicale. Et ainsi, de 1823 à 1860, de 1860 à 1872, que reste-t-il?

Après cette étroite discussion, nous croyons que l'administration se ferait illusion si elle considérait les fonctions inspectorales comme constituant pour le titulaire un lourd fardeau. On n'appelle pas fardeau, assurément, l'affluence de consultants attirés, pendant cette courte saison de trois mois, par la magie du titre; mais l'occupation que donne cette clientèle transforme en effet en fardeau les obligations que le décret de 1860 a laissé subsister. C'est peut-être pour cela que la législation a donné des adjoints aux inspecteurs; mais il ne faut pas perdre de vue que l'adjoint n'est pas créé pour soulager l'inspecteur de ses charges. Il n'existe, dit l'article 2 de 1860, qu'à l'effet de remplacer le titulaire en cas d'absence, de maladie ou de tout autre empêchement. Or, les inspecteurs se gardent d'être malades ou empêchés pendant la saison des eaux. L'inspecteur-adjoint ne compte pour rien dans cette « hiérarchie respectée » dont il a été parlé.

XIV. — Le libre usage.

Nous ne dirons qu'un mot du libre usage des eaux minérales et de l'atteinte qu'il aurait portée à l'autorité du médecin-inspecteur.

Le libre usage des eaux n'est pas une innovation du décret de 1860; il était en germe dans l'ordonnance de 1823 (art. 8). Ceci a été démontré dans la *Gazette des Eaux*, par un écrivain très-expert, M. le Dr Durand-Fardel.

Le décret de 1860 n'a fait que rendre plus précise cette liberté, et la dégager de quelques gangues honteuses qui l'empêchaient de s'épanouir, telles que la cédule de l'inspecteur. Ce fut le grand honneur du législateur de 1860.

Tout le monde ne fut pas de cet avis, et un président de la Société d'hydrologie, en ouvrant la session de 1864, disait à ce sujet: « Une mesure à laquelle tout le monde « gagnera, c'est la révision de ce fatal article 15, qui per- « met à tous et sous toutes les formes, sans l'intervention « d'aucun conseil médical, l'usage souvent intempestif et « dangereux des eaux minérales. »

Pourquoi fatal ? A qui fatal ? N'avons-nous pas le libre usage de l'eau minérale qu'il nous convient d'acheter ? le libre usage de tous les autres moyens balnéaires vulgaires, du bain trop chaud ou trop froid, additionné de tel sel ou de tel agent qu'il nous convient ? Et s'il devient intempestif et dangereux, ne sommes-nous pas « assez grands » pour en apprécier les risques et appeler à notre aide un conseil compétent ? A qui fatal ? Pas même au médecin dont un baigneur imprudent voudrait économiser les conseils. Il vient toujours une heure où le médecin reprend ses droits.

Il ne s'agit pas ici de défendre l'article 15 du décret de 1860, nous n'admettons pas qu'il soit en cause.

XV à XVIII. — Protection de l'Etat ; déclaration d'intérêt public, périmètre de protection.

Ici se présente une question qui a été l'objet de vives controverses ; ici surtout nous reviennent nos scrupules sur le respect dû à la propriété, mais en sens différent ; c'est-à-dire le respect que doit, à son tour, le propriétaire d'une source minérale au patrimoine de son voisin.

Celui-ci, parce qu'il se trouve à côté d'une source minérale exploitée, doit-il être gêné dans l'exploitation de sa terre et dans l'usage de sa maison ? Cette terre, cette maison peuvent-elles être atteintes dans leurs produits et dans leur valeur vénale, par suite des mesures de protection que la loi autorise ?

Ceci est bien grave, il nous semble !

Nous venons de relire, sur cette question, un rapport présenté à la Chambre des députés en 1856, par M. Lelut ; nous avons été vivement ébranlé par les arguments que fournit ce rapport dans l'intérêt de la conservation des sources minérales ; mais nous sommes combattus par une considération encore plus puissante, celle du respect absolu qui est dû à la propriété.

« Il n'est presque aucun cas, disait l'éminent rapporteur (14 mai 1856), où l'on puisse avec certitude affirmer qu'un sondage pratiqué au voisinage d'une source minérale ne nuira pas à cette source, et la pratique a montré quels graves dommages une source ancienne et précieuse peut recevoir de sondages opérés même à une certaine distance.

« Pour les sources d'eaux minérales, pour celles surtout d'un grand intérêt public, il peut y avoir de sérieux dommages à craindre, soit au point de vue de la quantité de leurs eaux, soit au point de vue de leur qualité, de sondages exécutés à proximité. »

Néanmoins, et bien avant l'époque où M. Lelut écrivait son rapport, d'autres ne voyaient pas de tels dangers dans une liberté plus absolue laissée aux voisins d'une source minérale; ils affirmaient « que les sources n'ont pas besoin de protection ; qu'elles peuvent se protéger elles-mêmes; que quelques coups de sonde n'y changent pas grand'chose, ou bien que le mal peut être compensé par un bien, c'est-à-dire la venue de sources nouvelles aussi utiles que les anciennes. Enfin que cette formule « un grand intérêt public » n'est aujourd'hui, en présence des démonstrations de la science, la condition d'aucune de nos sources, même les plus fréquentées. »

Laissons donc de côté ce caractère particulier de la source minérale, à laquelle l'administration, s'exagérant ses obligations, s'est ingéniée jusqu'ici à imposer une protection excessive; mais voyons deux citoyens dont les titres devant la loi sont complétement égaux, s'efforçant tous deux de tirer le meilleur parti de leur patrimoine, selon la nature du produit qu'on en peut obtenir; ayant tous deux des industries également intéressantes; apportant au même titre et au même taux leur tribut aux charges du pays. Voyons l'un des deux protégé avec une sollicitude qui ressemble à la tutelle de l'interdit, l'autre gêné dans la jouissance de son bien, entravé dans son exploitation, l'objet, chez lui, d'une surveillance inquiète, placé en un mot dans une situation telle, que sa terre, du fait de ces obligations, perd une grande partie de sa valeur.

S'il veut bâtir, s'il veut creuser un puits ou une cave, s'il veut extraire du sable ou de la pierre, s'il veut drainer son terrain pour en améliorer la culture, il est contraint, pour le respect dû à la source minérale qui coule dans la propriété voisine, de faire à l'avance une déclaration de ses projets, d'attendre que l'exécution en soit autorisée, de se soumettre si elle est interdite. (Art. 3 et 4 de la loi du 14 juillet 1856.)

N'est-ce que cela? Pas encore. Le propriétaire de la source peut venir chez son voisin, dûment autorisé après enquête, déranger son jardin, interrompre ses plantations, mettre à néant sa récolte, fouiller et retourner son terrain, si la conservation, l'amélioration et la distribution de la source le rendent nécessaire. (Art. 7.)

Le voisin est indemnisé, sans doute, pendant la durée de ces travaux; mais quelle indemnité représente jamais le tort souffert dans de telles circonstances? Quelle indemnité peut surtout compenser la dépréciation que subit une propriété sujette à de telles servitudes?

Certes, la propriété d'une source minérale est respectable, et nous n'avons pas accepté, dans la discussion qui précède, qu'il y fût aucunement porté atteinte; mais si nous proclamons le respect absolu de cette propriété, nous ne pouvons pas faire, à cause d'elle, bon marché des droits tout aussi sacrés de la propriété voisine.

La protection due aux eaux minérales, si précieuses qu'elles soient, ne nous semble devoir motiver aucune entreprise dont la conséquence puisse être l'amoindrissement de la fortune d'autrui.

Mais ici, il ne s'agit pas d'un règlement discutable;

c'est la loi, et cette loi, nous l'avons dit, est le principa fondement de la législation des eaux minérales.

La loi a-t-elle obéi à des craintes exagérées, a-t-elle été édictée sous les préoccupations dont nous avons essayé de démontrer la vanité dans la discussion qui précède ? Nous avons toute raison de le croire. La loi, sous le fatal précédent d'un décret de 1848, sous les préoccupations nées des vieilles traditions sur le régime et l'origine mystérieuse des eaux minérales, s'est inspirée à tort du régime minier, et a implanté, autour de la source minérale, une barrière de rigueurs que nous considérons comme regrettables. Nous devons l'accepter; mais souhaitons qu'elle soit appliquée le plus rarement possible, que les fonctionnaires chargés de l'enquête aient en sérieuse considération le respect de la propriété du voisin, et que le Conseil d'Etat chargé, en dernier ressort, de donner la déclaration d'intérêt public et de consacrer la détermination du périmètre de protection, veuille bien toujours considérer que sa résolution est grave, en ce que, pour protéger un intérêt sans doute respectable, il frappe d'une espèce d'interdit le patrimoine des riverains.

Il existe encore une disposition de la loi que nous avons peine à comprendre, et qui ne s'accorde pas avec le principe de sage liberté que nous avons revendiqué dans les pages qui précèdent : c'est que, du moment où une source est déclarée d'intérêt public, la faculté pour le propriétaire de cette source de faire des travaux de captage et d'aménagement sur son terrain, soit désormais subordonnée à la communication de ses projets au préfet.

Il doit attendre un mois la réponse du préfet. Au delà de ce terme, si la réponse n'est pas venue, le propriétaire peut s'adresser directement au ministre. Il doit attendre jusqu'à trois mois la résolution du ministre, et après ce délai, si une décision n'intervient pas, il peut passer outre aux travaux qu'il avait résolus. (Art. 8 de la loi.)

Peu importe l'urgence; peu importent les ntérêts matériels d'une exploitation, ces délais sont absolus. Cela n'infirme pas le droit du propriétaire de faire, au bout de quatre mois, ce qu'il aurait mieux aimé faire dès le premier jour, et alors pourquoi ne pas laisser ce droit s'exercer librement, sans sollicitation adressée au préfet, sans réclamation envoyée au ministre ?

Cette disposition au moins étrange et celle qui autorise l'État à exproprier la source qui ne serait pas jugée convenablement exploitée, doivent donner à réfléchir aux propriétaires qui viendraient, un peu à la légère et sans en avoir bien apprécié les obligations, demander la protection de l'État. Il y a, par le fait de cette déclaration d'intérêt public, une espèce de main mise dont nous ne comprenons pas trop la légitimité. Il semblerait que l'État, rendant un service, accordant sa protection, voulût tout aussitôt en tirer payement, en imposant un servage et en se donnant le moyen de s'emparer du bien qu'il protége. Est-ce digne?

C'est la loi! Mais ici, après tout, elle n'est rigoureuse que pour ceux qui en recherchent le bénéfice.

XIX. Les frais de l'inspection et de la surveillance des eaux minérales.

Ici nous interrompons notre examen personnel pour laisser parler un homme compétent, propriétaire d'un établissement d'eaux minérales, jurisconsulte, et que les intérêts mêmes dont il a le soin ont conduit à étudier dans toute son étendue la législation qui nous occupe.

Nous avons eu le bonheur de trouver M. A. Bouloumié, de Vittel, en complète communauté d'idées avec nous. Son aide nous est d'un grand secours au moment où nous avons à reprendre, à l'encontre de la réglementation en vigueur, et plus particulièrement des dispositions qui en devraient constituer la vitalité, l'accusation non plus d'exagération, non plus d'arbitraire, mais de complète impuissance. Nous donnons donc place à l'argumentation de M. Bouloumié, puis nous conclurons.

« En 1822, apparaît à la loi du budget un article qui vise la perception des sommes imposées aux établissements de l'Etat et des communes pour le traitement des inspecteurs (1). Il est ainsi conçu :

« Titre IV, art. 15. — Continueront d'être faites en 1823, conformément aux lois existantes, la perception :..... des rétributions imposées en vertu des arrêtés du gouvernement du 3 floréal an VIII (23 avril 1799) et du 6 nivôse an II (27 décembre 1802), sur les établissements d'eaux minérales, pour le traitement des médecins chargés par le gouvernement de l'inspection de ces établissements.

« Enfin, en 1823, le roi,

« Informé que l'exécution des lois et règlements sur l'administration et la police des eaux minérales est négligée ; que leurs dispositions ne sont pas assez connues, faute d'avoir été rappelées et unies ensemble ; rend une ordonnance en date des 18 juin-7 juillet, dans laquelle il est dit (art. 7) : — « Les traitements des inspecteurs « étant une charge des établissements inspectés, les propriétaires, « régisseurs ou fermiers seront nécessairement entendus dans leur « fixation, laquelle continuera à être faite par les préfets, et con- « firmée par notre ministre secrétaire d'État de l'intérieur. »

« La généralité des termes de cette ordonnance paraît vouloir comprendre tous les établissements sans distinction, aussi bien ceux qui sont des propriétés particulières

(1) On sait que ce traitement est de trois classes : 1,000 francs 800 francs et 600 francs.

que les propriétés de l'État et des communes. Mais il convient de remarquer que le vague le plus absolu servira de base à la classification qui sera faite par le préfet, car nulle part ne se rencontre une règle législative qui puisse lui servir de guide. J'en rencontre bien une pour les établissements de l'État et des communes, et celle-là est certaine, fixe, indiscutable; c'est le prix d'adjudication de la ferme de ces établissements; mais si je veux, en 1823, après comme avant l'ordonnance, demander à la législation les règles relatives à la classification des établissements particuliers, elle reste sans réponse. Et d'ailleurs il serait permis de se demander si une ordonnance royale pouvait légalement établir un impôt sur des particuliers.

« Il importe, avant d'aller plus loin, de déterminer quel sera jusqu'en 1823, et après l'ordonnance de 1823, le débiteur direct du médecin-inspecteur; qui devra lui payer les appointements que la classification aura fixés. A n'étudier que la législation, la question reste insoluble, car rien dans les textes ne peut mettre le jurisconsulte sur la voie d'une réponse sérieuse. Mais si nous considérons que la loi du budget de 1823 et toutes les lois des budgets consécutifs portent en perception les appointements des médecins-inspecteurs, il paraîtra que nous devons conclure logiquement que, la loi autorisant l'Etat à percevoir, l'Etat devient par là le créancier du fermier ou propriétaire et le débiteur de l'inspecteur. Cependant l'exposé des motifs de la loi des 14 et 22 juillet 1856 nous apprend que cette loi des finances n'a jamais été mise en pratique, et que toujours, avant comme après 1823, l'inspecteur a tenu ses appointements des mains du propriétaire ou fermier :

« Cette rétribution, dit l'exposé des motifs, fournie, pour chaque « inspecteur, par le propriétaire de l'établissement, est, le plus « souvent dans la pratique, livrée directement par celui-ci à l'ins- « pecteur. Il suffit de citer un pareil mode de payement pour « en signaler l'inconvénient. »

« Et le rapporteur ajoute :

« Pour ce qui est de l'article 18 relatif aux indemnités ou traitements dus aux médecins-inspecteurs des eaux, votre commission admet et proclame avec l'administration, qu'il est nécessaire que ces indemnités leur viennent non plus de la main des propriétaires, mais de plus haut, de la main du gouvernement. »

« Toute la législation des eaux minérales, du 3 floréal an VIII au 14 juillet 1856, pourra donc, en ce qui concerne le traitement de l'inspectorat, se réduire aux propositions suivantes :

« 1° Les établissements d'eaux minérales appartenant *à l'État et aux communes* sont divisés en trois classes d'après le prix du bail.

« 2° Les traitements des médecins-inspecteurs près ces établissements sont divisés en trois classes, comme les établissements eux-mêmes.

« 3° La législation est muette sur les établissements des particuliers et sur le traitement de leurs inspecteurs.

« Et la pratique ajoute ces deux autres propositions :

« 1° Les inspecteurs touchent directement leurs appointements des mains des propriétaires ou fermiers.

« 2° En ce qui concerne les établissements des particuliers, l'usage supplée à la loi, et il s'établit entre les propriétaires et les inspecteurs des conventions conformes, en réalité, à la législation de l'an VIII et de l'an XI sur les établissements de la République et des communes.

« C'est dans ces conditions qu'est promulguée la loi du 14 juillet 1856.

« Cette loi avait un double but : étendre la classification à tous les établissements d'eaux minérales autorisés ; rendre le médecin-inspecteur créancier direct de l'Etat.

« Art. 18. — La somme nécessaire pour couvrir les frais d'inspection médicale et de surveillance des établissements d'eaux minérales autorisés, est perçue sur l'ensemble de ces établissements.

« Le montant en est déterminé tous les ans par la loi des finances.

« La répartition en est faite entre les établissements, au prorata de leurs revenus.

« Le recouvrement a lieu, comme en matière de contributions directes, sur les propriétaires, régisseurs ou fermiers d'établissements.

« Art. 19. — Des règlements d'administration publique déterminent les bases et le mode de la répartition énoncée en l'art. 18. »

« Un règlement d'administration publique (décret du 28 janvier 1860) charge une commission départementale spéciale de procéder à cette répartition, et l'article 24 de ce règlement dispose que :

« A la fin de chaque année, les propriétaires, régisseurs ou fermiers des établissements d'eaux minérales naturelles adresseront aux préfets les états des produits et des dépenses de leurs établissements pendant l'année. »

« Les arrêtés du 3 floréal an VIII et du 6 nivôse an XI avaient établi une classification parmi les établissements appartenant à la République et aux communes ; mais ils faisaient reposer cette classification sur une base certaine, fixe, invariable : le prix d'adjudication de la ferme de ces établissements. Dans ce système, pas d'erreurs ni de dissimulation possibles ! mais le législateur était resté muet sur la classification des établissements appartenant aux particuliers, parce qu'il ne pouvait pas déterminer la base certaine.

« Le législateur de 1856 généralise la classification ; il ne voit pas que, praticable et facile à déterminer sur les bases de l'adjudication du bail, elle deviendra difficile et insaisissable quand elle devra s'établir sur le revenu du particulier ; et d'un trait de plume, il décrète *l'impôt sur le revenu !*

« La répartition est faite, entre les établissements, au prorata de leurs revenus. »

« Et le décret du 28 janvier 1860 ajoute :

« Art. 4. — Les inspections médicales sont divisées en trois classes *suivant le revenu* des établissements, etc.

« Art. 6. — Le tableau de classement est arrêté par le ministre, etc. »

« Qu'est-il arrivé ? Douze années se sont écoulées depuis la promulgation du décret du 28 janvier 1860, et les commissions départementales se sont chaque année réunies, et chaque année elles se sont séparées sans avoir pu fournir au ministre les bases d'une classification sérieuse. Les préfets ont insisté auprès des propriétaires, mais la répugnance de ceux-ci à faire connaître l'état exact de leurs affaires est demeurée invincible ; et les commissions sont demeurées impuissantes :

« En 1862, M. Rouher, par une circulaire du 4 décembre, disait aux préfets.

« En général, les documents fournis ne satisfont pas aux prescriptions réglementaires, et, sur un très-grand nombre de points, ni les commissions départementales, ni les propriétaires, régisseurs ou fermiers des établissements thermaux, ne se sont conformés à la lettre ou à l'esprit du décret. Il est impossible dès lors d'établir, à l'aide de ces documents, les bases du classement des établissements en inspections médicales, et de la répartition, au prorata de leurs revenus, des frais d'inspection, comme le prescrivent l'article 18 de la loi et les articles 4, 5, 6 et 31 du décret du 28 janvier 1860..... Vous reconnaîtrez d'ailleurs, d'après les développements qui précèdent, qu'il est tout à fait impossible de prendre les opérations des commissions départementales en 1860 et 1861 comme base, soit du classement prescrit par le décret de 1860, soit de la répartition entre les établissements autorisés des frais de l'inspection médicale et de la surveillance ; *il convient donc de continuer pour ces deux années à procéder conformément à l'ordonnance du 18 juin 1823, pour le payement du traitement des médecins-inspecteurs.* A partir de 1862, il sera possible, je l'espère du moins, d'appliquer le mode réglé par le décret de 1860, et je vous ferai connaître alors en détail la marche que vous aurez à suivre. »

Signé : Rouher.

« L'espoir du ministre a été déçu; la classification est restée impossible, parce que le prorata du revenu n'a pas pu être établi; et, par une nouvelle circulaire en date de 1854, le ministre avoue que la loi reste inexécutable. Elle est restée et elle reste inexécutée.

« Aujourd'hui donc, la législation sur l'inspectorat médical se résume en un mot : le chaos. Et pour rendre manifestes les conséquences pratiques de cet état de choses, je prends un exemple qui m'est particulièrement connu :

« L'inspecteur de l'un des plus anciens établissements du Midi, homme juste et respectable, vit en mésintelligence avec le propriétaire dont il n'a pas voulu, avec juste raison, favoriser certaines tendances; il se voit refuser, depuis une dizaine d'années, son traitement qui avait toujours été celui de la première classe, soit 1,000 francs. Lassé d'une aussi longue attente, il s'adresse officiellement au propriétaire qui lui répond :

« Votre demande ne me regarde pas. D'après la loi de 1856, vous êtes le créancier de l'Etat et non le mien; je ne vous connais pas. »

« Il s'adresse alors à l'Etat; le ministre lui répond :

« Je ne puis faire droit à votre demande. La loi de 1856 a bien dit, il est vrai, que vous seriez payé par moi, mais la classification que cette loi ordonne n'est pas faite, et votre traitement dépend de cette classification.

« D'ailleurs, les circulaires ministérielles vous ordonnent de continuer à vous conformer à l'ordonnance du 18 juin 1823. »

« J'ai eu sous les yeux ces deux fins de non-recevoir, aussi fondées en droit l'une que l'autre.

« En résumé, et tel est le but de ma démonstration, l'art. 18 de la loi de 1856 relatif aux frais de l'inspection médicale est une disposition mort-née, qui n'a jamais pu recevoir un semblant d'exécution, malgré la réglementation tentée par le titre III du décret de 1860, et qui laisse dans l'indécision les intérêts les plus sérieux.

« La loi peut rester en ses autres dispositions, qui visent plus particulièrement la conservation et la protection des sources; mais cette démonstration achève la condamnation du décret du 28 janvier 1860, qui doit être rapporté le plus promptement possible.

« A Bouloumié. »

PROPOSITIONS.

Les propositions qui vont suivre résultent naturellement de l'examen auquel nous venons de nous livrer, et se rattachent aux divers paragraphes dans lesquels nous avons résumé, au début de ce travail, l'état actuel de la réglementation des eaux minérales. A notre avis, la réglementation à intervenir doit porter désormais sur le droit commun, d'après les bases suivantes :

I. Liberté absolue laissée au propriétaire ou à l'inventeur d'une source minérale de l'exploiter, d'en exporter l'eau, d'y installer un établissement balnéaire, sauf l'obligation d'en faire la déclaration au ministre, par l'intermédiaire du maire et du préfet, et de se soumettre à la surveillance précisée ci-après (§ XIV). La déclaration du propriétaire serait appuyée d'une description de la source, d'une analyse, de documents démontrant qu'un captage régulier a été fait, et de copies du règlement intérieur et des tarifs établis pour l'usage des eaux.

II. Suppression de l'obligation d'une autorisation spéciale pour l'établissement de dépôts de vente d'eaux minérales. Mêmes conditions que pour la vente de tous les autres liquides curatifs ou digestifs, sans contrôle et sans exercice.

III. Affranchissement du contrôle exercé sur l'expédition des eaux minérales naturelles au lieu de départ et au lieu d'arrivée.

IV. Le droit commun pour la fabrication des eaux artificielles minérales, c'est-à-dire le même régime que pour les préparations pharmaceutiques ordinaires.

V. Les règlements intérieurs pour l'ordre, la police, la salubrité, organisation du service balnéaire, le libre usage des eaux, la distribution des heures, soumis par les propriétaires ou fermiers aux préfets et rendus exécutoires par l'approbation de ces fonctionnaires.

Les tarifs, établis au début de la saison par les propriétaires ou fermiers, visés purement et simplement par les préfets pour avoir date.

VI. Le libre usage des eaux et du traitement balnéaire consacré d'une manière absolue, comme base éminemment libérale de la législation nouvelle.

VII. Le droit tout naturel, pour l'État, de régler comme il lui convient l'administration des établissements lui appartenant qu'il fait régir directement; mais, si ces établissements sont mis en ferme, ils doivent être soumis au régime commun déterminé par le présent projet.

VIII. Les établissements de l'État affermés, ceux appartenant à des communes et à des institutions charitables, à des particuliers, administrés ainsi qu'il convient à l'État, aux communes, aux commissions hospitalières et aux particuliers. Mais, quant à leurs rapports avec le public, avec les médecins, quant à l'installation balnéaire, à l'expédition des eaux, à la réglementation intérieure, ils doivent être soumis aux dispositions communes.

IX. L'intervention des ingénieurs des mines limitée au concours que les propriétaires peuvent avoir à réclamer d'eux.

X. L'intervention des médecins auprès des établissements balnéaires limitée aux attributions accoutumées de la profession médicale et aux usages que la tradition a établis auprès de chaque station.

Les rapports des médecins avec les propriétaires, régisseurs ou ermiers s'exerçant sous la forme purement officieuse, au même titre pour tous, leur contrôle ne pouvant être autre que celui que l'homme de science a tout naturellement le droit d'exercer, par voie de légitime influence, sur les moyens de guérison dont il conseille l'emploi.

XI. Dans l'intérêt général de la science et de la santé publique, pour rendre profitables les conseils de la pratique médicale et conserver intactes les saines traditions dans chaque localité, les médecins exerçant auprès d'une station formeraient une commission permanente, sous la présidence alternative de l'un d'eux, de manière à concentrer les observations d'ordre matériel ou scientifique formulées par chacun, à les concilier et à les présenter, soit au propriétaire ou fermier, soit à l'autorité locale, soit à l'administration supérieure, sous une forme qui leur donne plus de crédit et plus d'autorité.

Le rapport scientifique destiné à l'Académie de médecine présenté, chaque année, au nom de la commission, par le président en exercice.

XII. Les commissions médicales adressant leurs vœux ou leurs plaintes à l'autorité, par l'organe du président.

XIII. Les médecins faisant partie de la commission se partageant à tour de rôle le soin des malades indigents admis à faire usage des eaux.

XIV. Pour la garantie de la responsabilité qui incombe à l'État, comme gardien de la santé publique, une surveillance administrative exercée sur les établissements d'eaux minérales par l'autorité départementale, au même titre et dans la même forme que cette autorité surveille les établissements de diverses natures ouverts au public. Cette surveillance donnant à l'administration le droit d'agir sur les établissements d'eaux minérales comme elle agit partout ailleurs, et pouvant aller jusqu'à la faculté de proposer au ministre la fermeture momentanée ou absolue de l'établissement, s'il n'est pas conduit de manière à mettre à couvert la responsabilité de l'État.

XV. Pour la plus grande efficacité et surtout pour l'uniformité de cette surveillance, qui doit avoir pour effet de faire fonctionner de la même manière tous les établissements balnéaires du pays et de donner une même impulsion aux services qui s'y rattachent, le ministre conservant la haute main sur l'ensemble des établissements, et se faisant représenter auprès d'eux par des inspecteurs régionaux dont la mission serait purement administrative.

XVI. En attendant qu'une loi puisse modifier celle du 14 juillet 1856, relative aux mesures de légitime protection que peuvent avoir à réclamer certaines sources minérales d'un grand intérêt, le décret du 8 septembre, rendu pour l'exécution de cette loi, serait dégagé de toutes les dispositions qui peuvent en rendre l'application vexatoire et attentatoire aux droits respectables de la propriété.

XVII. L'abolition, dans tous les cas, de la disposition qui autoris l'Etat à exproprier la source déclarée d'intérêt public, si l'exploita tion n'en est pas conduite d'une manière satisfaisante.

XVIII. La suppression de tout impôt particulier frappé sur le re venu des établissements, ou sur le produit de la vente des eaux ex pédiées.

XIX. Les frais de surveillance administrative des établissement soldés sur les crédits normaux ouverts, sous un article spécial dans le budget de l'agriculture et du commerce.

CONCLUSION

Il peut être satisfait aux vœux que nous venons d'exprimer pa des dispositions réglementaires édictées par voie de décret. Le dé partement du Commerce sait, par les délibérations nombreuse dont les copies lui ont été remises, par les instances qui lui ont ét portées, avec quelle légitime impatience une réforme est attendue.

On se demande toutefois, comme le font nos voisins de l'Es pagne, chez lesquels la législation des eaux minérales est égale ment en voie de modification, si, pour couper court aux hésitation et aux chances variables des réglementations administratives, ne vaudrait pas mieux solliciter l'intervention de la loi, pour sanc tionner plus sûrement cette réforme.

La question mérite certainement cette solution plus solennelle car il n'est si petite institution, dans l'organisation d'une natio éclairée, qui ne doive profiter, sans réserve, du progrès que l marche des idées imprime à toutes les autres.

GERMOND DE LAVIGNE.

Paris. Imprimerie Gauthier-Villars, quai des Grands-Augustins, 55.

BIBLIOTHEQUE NATIONALE DE FRANCE
3 7531 03657972 1

www.ingramcontent.com/pod-product-compliance
Ingram Content Group UK Ltd.
Pitfield, Milton Keynes, MK11 3LW, UK
UKHW020957180726
13838UKWH00003B/1367

9 782329 020006